# THADDÄUS TROLL

# Wo kommen die kleinen Kinder her?

Ein Aufklärungsbuch für junge Menschen

Atlantik

Die Originalausgabe erschien 1973 unter dem Titel
*Where Did I Come From?* by Lyle Stuart Inc., Secaucus/New Jersey.

*Atlantik ist ein Imprint des*
*Hoffmann und Campe Verlags, Hamburg.*

7. Auflage 2023
Copyright © 1973 by Peter Mayle
Illustrationen von Arthur Robins
Für die deutschsprachige Ausgabe
Copyright © 1974
Hoffmann und Campe Verlag, Hamburg
*www.hoca.de*
Gesetzt aus der FF Scala
Umschlag: Steigenberger Grafikdesign, München
Druck: DZS Grafik, Slowenien
Printed in Slovenia
ISBN 978-3-455-38021-7

HOFFMANN
UND CAMPE

*Ein Unternehmen der*
GANSKE VERLAGSGRUPPE

Dieses Buch sagt, was du über dich wissen musst.

Ich habe es geschrieben, weil ich dachte, du möchtest gern wissen, wo du eigentlich herkommst und wie das alles geschehen ist.

Und ich weiß (weil ich selbst Kinder habe), wie schwer es ist, die Wahrheit zu sagen, ohne einen roten Kopf zu kriegen und zu stottern.

Bevor ich dieses Buch geschrieben habe, fragte ich ein paar Mädchen und Jungen in deinem Alter, wo sie ihrer Meinung nach herkommen.

Wie sag ich's bloß, ohne rot zu werden?

Das haben ein paar von euch geglaubt:

»Mich hat der Klapperstorch gebracht.«

»Die Katze hat mich eines
Nachts mit ins Haus gebracht.«

»Papa hat mich im Bierkrug gefunden.«

»Eine Fee hat mich aus
dem Babysee gezogen.«

»Mama staunte nicht schlecht, als ich plötzlich
neben ihr im Krankenhaus lag.«

Du weißt, dass nichts davon wahr ist, stimmt's? Die Wahrheit darüber, wo die kleinen Kinder herkommen, ist nämlich viel interessanter als dieser Quatsch. Deshalb will ich gleich von Beginn an die Wahrheit berichten.

### Kleine Menschen werden von großen Menschen gemacht

Das Erste, was man wissen muss: Babys werden von zwei Erwachsenen gemacht. Nur ein Paar, eine Frau und ein Mann, kann das. Die beiden Leute also, die dich gemacht haben, sind dein Vater und deine Mutter.

Wenn du deinen Vater und deine Mutter zusammen in die Badewanne steckst, dann kannst du etwas Interessantes entdecken.

Sie sind nicht von oben bis unten gleich. Das hast du sicher schon gemerkt, aber du siehst es noch viel besser, wenn sie zusammen baden.

Sie sind nicht nur verschieden groß. Sie haben auch verschiedene Formen. Und bestimmte Stellen an ihrem Körper sind verschieden.

**Steck die beiden zusammen in die Badewanne, dann kannst du etwas Interessantes entdecken.**

**Wie unterscheiden sich deine Eltern?**
**Was ist an Mama und Papa anders?**

Das ist wichtig, denn es sind die verschiedenen Körperteile, ohne die deine Mutter und dein Vater dich nicht machen können. Sie sind so wichtig, dass wir zwei große Bilder gemalt haben, damit du genau sehen kannst, was wo ist und was was ist.

Mach dir nichts draus, wenn die Frau und der Mann auf den Bildern nicht so aussehen wie deine Mama und dein Papa. Die wichtigen Stellen sind bei uns allen gleich. (Auch bei dir.)

Lass uns bei den Bildern oben anfangen und schauen, was anders ist.

Zuerst siehst du, dass der Mann eine flache Brust hat. Die Frau aber hat zwei runde Anhebungen auf ihrer Brust.

Diese Hügel haben viele Namen. Manche Leute sagen Busen. Andere Leute nennen sie Brüste.

**Wenn die Erwachsenen sich ausziehen, kannst du den Unterschied deutlich sehen.**

**Busen**

Ein guter Name für die beiden Anhebungen ist Busen. Das kannst du dir merken.

Als du eben geboren warst, war der Busen deiner Mutter wie eine Milchbar. Damals hattest du noch keine Zähne und konntest noch nichts Festes essen – keine Hamburger und keine Pommes, auch keinen Apfelkuchen und keine Schokolade. Wenn du Hunger hattest, musstest du trinken, und zwar Milch.

Die Milch, ohne die du in den ersten Monaten nicht leben konntest, kam entweder aus einer Flasche oder aus dem Busen deiner Mama.

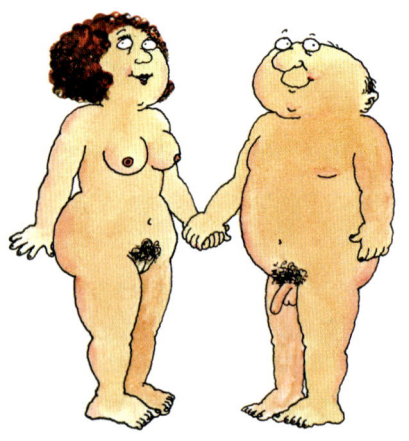

Jetzt schau dir die Bilder ein bisschen weiter unten an. Du siehst, dass die Frau da, wo der Bauch anfängt, breiter wird, der Mann aber nicht.

Aaah! Milch,
herrliche, leckere Milch!

### Hüften

Die Gegend, wo die Frau breiter wird, nennt man Hüften. Darunter ist Platz für ein Baby. Aber davon reden wir erst später.

Schau weiter runter zwischen die Beine. Der Mann und auch die Frau haben da besonders viele Haare. (Mach dir nichts draus, die kriegst du auch noch, wenn du älter wirst.)

### Penis

Aber das Wichtigste, was man da sieht, hängt dem Mann zwischen den Beinen. So etwas hat die Frau nicht. Ihr Jungen habt das auch, und es wird größer, wenn ihr größer werdet.

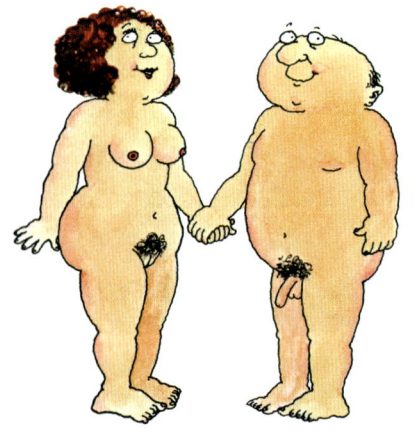

Genau wie der Busen hat auch dieses baumelnde Ding viele Namen. Der richtige Name dafür ist Penis.

So – das ist es, was bloß der Mann hat.

Es wird größer, wenn du größer wirst.

### Vagina

Aber was hat die Frau zwischen ihren Beinen? Sie hat eine kleine Öffnung. Sie heißt Vagina.

So. Wenn du jetzt die beiden Namen behalten kannst, Penis und Vagina, wollen wir sehen, wie ein Baby gemacht wird.

### Wie man ein Baby macht

Der Mann und die Frau liegen miteinander im Bett. (Es fängt oft im Bett an, weil ein Bett so kuschelig, nett und bequem ist.)

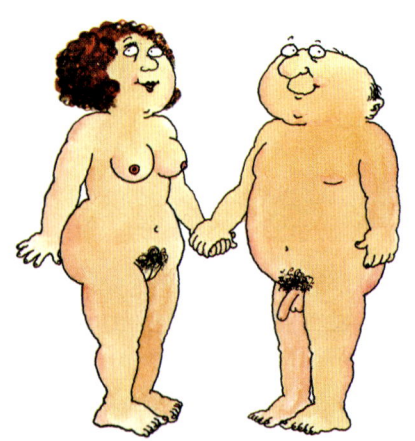

Der Mann und die Frau haben sich lieb. Deshalb küssen sie sich. Und sie drücken sich fest aneinander, weil das so viel Spaß macht. Und nach einer Weile wird der Penis des Mannes steif und hart und viel größer als sonst. Er wird größer, weil er jetzt gleich etwas zu tun kriegt.

Hier werden Babys gemacht.

Jetzt möchten beide sich so nah wie nur möglich sein, weil sie sich so sehr mögen. Um sich ganz nah zu sein, legen sie sich oft ganz zärtlich aufeinander und der Mann schiebt seinen Penis in die Vagina hinein.

So ist es, wenn ein Mann und eine Frau ganz nah beieinander sein wollen.

### Liebe machen

Es ist ein wunderschönes Gefühl für beide, für den Mann und für die Frau. Er möchte gern in ihr drin sein, und sie mag ihn gern in sich spüren. Man nennt das Liebe machen, weil alles damit anfängt, dass der Mann und die Frau einander lieb haben.

Das Gefühl ist schwer zu beschreiben, aber wenn du dir eine sanfte Art von Kitzeln vorstellst, das im Bauch anfängt und überall hingeht, dann hast du eine Ahnung davon.

Und du weißt ja: Wenn es dich kitzelt, dann zappelst du ein bisschen hin und her. Das ist hier fast genauso, nur dass es eine besondere Art von Kitzeln ist. Die Stellen, wo es am meisten kitzelt, sind beim Mann der Penis und bei der Frau die Vagina. Deshalb zappelt es da unten auch am meisten.

Es ist ein wunderschönes Gefühl.

Der Mann rutscht mit seinem Penis in der Vagina der Frau rauf und runter, sodass sich die beiden kitzligen Stellen aneinander rubbeln. Das ist, wie wenn man sich beim Jucken kratzt, aber viel schöner.

Es fängt meistens langsam an und wird immer schneller, so, wie das Kitzeln immer stärker wird.

### Warum hört das Kitzeln auf?
Nun wirst du denken: Wenn das so schön ist, warum machen es die Leute dann nicht immerzu? Dafür gibt es zwei Gründe.

Erstens macht es sehr müde. Mehr, als Fußball zu spielen, zu rennen oder auf Bäume zu klettern – mehr als fast alles. So schön es ist, man kann es eben nicht den ganzen Tag lang tun.

Liebe machen ist wie seilhüpfen. Man kann es nicht den ganzen Tag lang tun.

Und der zweite Grund ist, dass etwas wirklich Wunderschönes geschieht, was das Kitzelgefühl aufhören lässt, und das ist der Augenblick, in dem das Baby entsteht.

Wenn der Mann und die Frau so heftig auf- und abgerubbelt haben, dass du meinst, sie gehen beide mit einem Knall in die Luft, dann tun sie das fast. Das ganze kitzlige Auf und Ab endet für alle beide in einem gewaltigen, herrlich angenehmen Gefühl.

(Noch einmal: Es ist wirklich nicht einfach, dir zu beschreiben, wie das alles so ist. Aber du weißt doch, wie es ist, wenn es dich eine ganze Weile in der Nase kitzelt, und dann kannst du auf einmal toll niesen. Es ist ein bisschen ähnlich, aber viel, viel schöner.)

In diesem schönsten Augenblick kommt plötzlich ein dicker, klebriger Saft aus dem Penis des Mannes und rutscht in die Vagina der Frau.

Es ist so ähnlich wie Niesen, aber viel, viel schöner.

Und ob du's glaubst oder nicht: Aus diesem klebrigen Saft sind du und ich und wir alle entstanden.

Man nennt ihn Samen. Und wie kein Grashalm und keine Rose und kein Kirschbaum, so kann auch kein Mensch ohne Samen entstehen.

### Der Samen

Jeder Tropfen Samen besteht tatsächlich aus Hunderten und Tausenden von winzigen Tropfen, die du nur unter einem sehr großen Vergrößerungsglas erkennen kannst. Das sind die eigentlichen Samen oder Samenzellen. Und was diese Samen zustande bringen, das ist wirklich erstaunlich.

**Samen sehen ähnlich aus wie Kaulquappen.**

Wie könnte ein Ei einem so prächtigen Samen widerstehen?

Nachdem sie den Penis des Mannes verlassen haben, zappeln sie in der Vagina der Frau aufwärts wie Kaulquappen im Bach. Wenn du noch keine Kaulquappen gesehen hast, aus denen Frösche entstehen, dann lass sie dir mal in einem Teich im Wald zeigen. Kaulquappen haben einen großen Kopf und einen kleinen Schwanz. Samen sehen ähnlich aus. Allerdings ist bei ihnen das Schwänzchen viel länger und ganz dünn, wie ein Faden. Die Samen suchen eines der winzigen Eier, die die Frau jeden Monat in ihrem Innern erzeugt.

Wenn ein einzelner Samen ein einzelnes Ei trifft, dann fangen die beiden etwas miteinander an. Man nennt das Befruchtung, und dabei entsteht schließlich ein Baby. (Wenn zufällig zwei Samen zwei Eier treffen, gibt es Zwillinge. Drei Samen und drei Eier Drillinge. Und so weiter.)

Der Samen und das Ei verschmelzen und werden zu einer klitzekleinen Person. Sie ist so klein, dass in den ersten Wochen nicht einmal die Mutter weiß, dass sie da ist.

Ein Samen und ein Ei machen ein Baby.

Zwei Samen und zwei Eier machen zwei Babys.

Und so weiter.

**Vom Pünktchen zum Baby in neun Monaten**

Aber ganz, ganz langsam wächst es im Bauch der Mutter. (Wir sollten ihm jetzt eigentlich einen Namen geben, aber wir sind noch nicht sicher, ob es ein Junge oder ein Mädchen ist.) Es bekommt von dem zu essen, was die Mutter isst. Es bleibt sicher und warm an einem Platz in Mutters Bauch, den man Gebärmutter nennt.

Und in neun Monaten verwandelt sich der Winzling wie ein Vögelchen im Ei zu einem Baby, das fix und fertig auf die Welt kommt.

Du möchtest vielleicht gern wissen, was während dieser neun Monate passiert. Deshalb haben wir ein paar Bilder gemacht, um dir zu zeigen, wie ein ungeborenes Baby von Monat zu Monat größer wird.

Lange bevor du geboren warst, hast du angefangen, dich zu bewegen.

### Erster Monat

Nehmen wir an, das Baby ist ein kleines Mädchen. In seinem ersten Monat tut es nichts anderes, als von einem Punkt, den du kaum sehen kannst, zu einem winzigen Wesen heranzuwachsen, das ungefähr so groß ist wie einer von deinen Zähnen. Aber obwohl es so klein ist, hat es schon ein Rückgrat und erste Ansätze von Armen, Beinen, Nase und Augen. Es hat sogar schon ein Herz, das schlägt.

### Zweiter Monat

Wenn der zweite Monat vergangen ist, hat das Baby nicht nur Arme und Beine. Es hat Finger, Zehen, Ellbogen und Knie. Und ein richtiges kleines Gesicht.

### Dritter Monat

Das ist die Zeit, in der das Baby anfängt, schreien zu lernen. Es beginnt seine Stimmbänder auszubilden, die es später braucht, wenn es nach dem Frühstück oder dem Mittagessen schreien will.

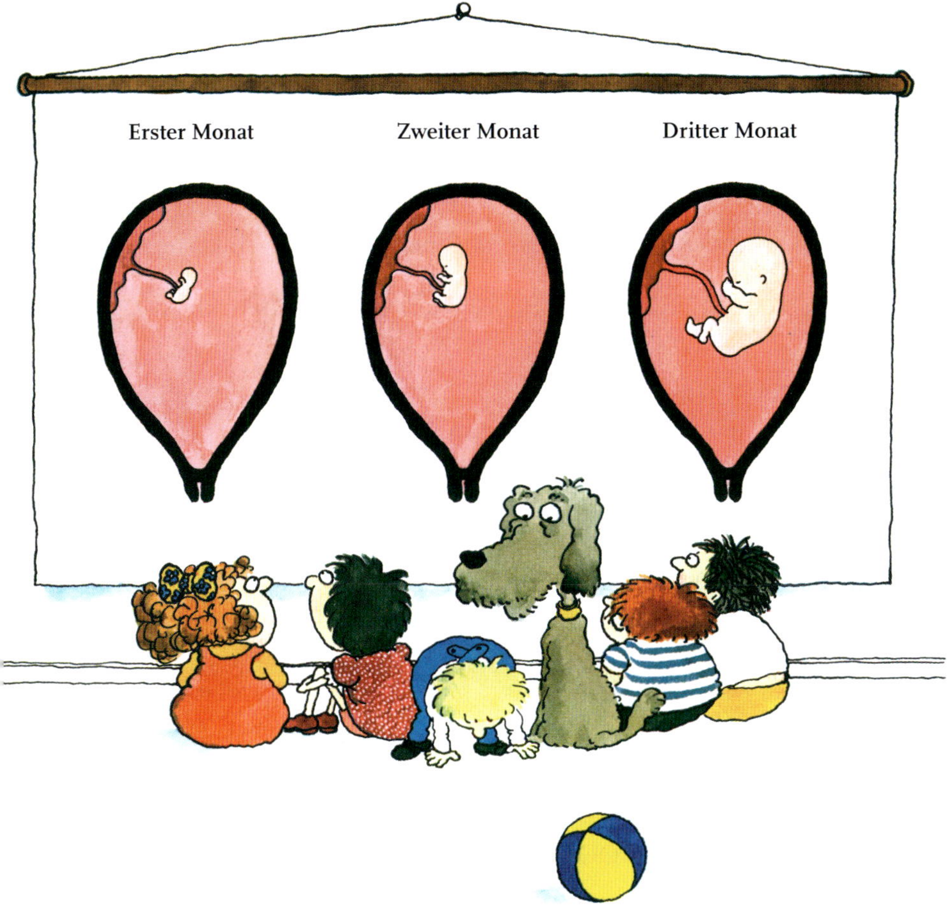

Erster Monat     Zweiter Monat     Dritter Monat

### Vierter Monat

Nun ist das kleine Mädchen schon ganz schön groß – ungefähr so groß wie die Hand deiner Mama. Und am Ende dieses Monats kann die Mutter manchmal schon spüren, wie das Baby in ihr herumzappelt. (Später kannst du deine Hand auf Mutters Bauch legen und das Baby selber fühlen. Einige Babys boxen so herum, dass man meint, sie spielten da drin Fußball.)

### Fünfter Monat

Das ist ein großer Augenblick für kahlköpfige Babys. In diesem Monat wachsen dünne Haare auf dem Kopf. Nägel wachsen an den Fingern und an den Zehen. Und der Doktor kann mit einem besonderen Gerät sogar das Herz des Babys schlagen hören.

### Sechster Monat

Obwohl das kleine Mädchen nicht viel sehen kann (weil es da drin sehr dunkel ist), macht es in diesem Monat seine Augen auf. Zur gleichen Zeit bekommt es Augenbrauen und Wimpern.

### Siebter Monat

Wenn dir das kleine Mädchen vorher schon groß vorkam, dann ist es jetzt ein wahres Prachtexemplar, ungefähr so lang wie dein Arm (aber ganz zusammengerollt) und so um eineinhalb Kilogramm schwer. Nachdem sein Körper schon ein bisschen gewachsen ist, fängt jetzt auch sein Gehirn an, größer zu werden.

### Achter und neunter Monat

In diesen zwei Monaten tut es nichts anderes, als größer und kräftiger zu werden und sich fertig zu machen, damit es in die Welt hinauskann.

### Der Geburtstag

Und jetzt kommt der Tag, den wir alle erlebt haben und an den sich keiner von uns mehr erinnern kann, obwohl wir ihn jedes Jahr feiern.

Das Baby liegt ganz zusammengerollt im Bauch der Mutter. Wie kommt es heraus?

Das hört sich ganz einfach an: Es wird herausgeschubst. Nach etwa neun Monaten hat die Mami genug. Das Baby ist fertig, und jetzt läuft alles ganz von selber.

### Eine besondere Art von Bauchweh

Das erste Zeichen für die Mama ist Bauchweh, das vergeht und immer wiederkommt. Zuerst kommen diese Schmerzen (die man Wehen nennt, weil es wehtut) nur ab und zu. Allmählich kommen sie immer häufiger und werden immer stärker. Auch der Doktor wird langsam unruhig, weil die Schmerzen ein Zeichen dafür sind, dass das Baby jetzt wirklich fertig ist und sich die Welt angucken will.

**Der Doktor hilft der Mama.**

Der Geburtstag

Die Mutter muss das Baby durch die Öffnung zwischen ihren Beinen herausdrängen, und dazu braucht sie viel Kraft in ihren Bauchmuskeln.

### Der letzte Teil ist der schwerste

Also, wenn du bedenkst, wie groß das Baby ist und wie klein die Öffnung, dann kannst du dir vorstellen, wie schwer die Mutter arbeiten muss. Es tut ihr auch weh.

Das kann ziemlich lange dauern, und es macht sehr, sehr müde. Aber schließlich kommt das Baby heraus, ärgerlich und brüllend wie ein unzufriedener Zuschauer beim Fußballspiel. (Du hast auch gebrüllt, als du auf die Welt kamst, denn es ist ziemlich hässlich, in diese Kälte zu kommen, nachdem man es neun Monate lang warm und gemütlich hatte.)

Auf die Welt kommen ist noch schlimmer, als im kalten Winter aus dem Bett zu kriechen. Oder ins kalte Wasser gestoßen zu werden.

Das Baby kommt nicht gern auf die Welt. Und etwas muss noch getan werden, bevor sich alle ausruhen können, das Kind sowie die Mutter und auch der Vater, die alle froh sind, wenn sie das Ganze hinter sich haben. Während der neun Monate vor seiner Geburt hat das Baby seine Nahrung durch einen kleinen Schlauch bekommen, der an seinem Bauch angewachsen war.

### Warum du einen Bauchnabel hast

Jetzt, wo das Baby geboren ist und anfängt, seine Nahrung durch den Mund aufzunehmen, braucht es den Schlauch nicht mehr. Darum schnipst ihn der Doktor ab (das tut nicht weh) und bindet das Ende zu. Er macht das alles hübsch ordentlich. Deshalb hast du einen Bauchnabel. Der ist das Einzige, was von dem Schlauch übrig geblieben ist, der dich einst am Leben erhalten hat.

**Dieser lange Schlauch hat einen Namen: die Nabelschnur.**

Dieser lustige Knopf am Bauch
ist der Rest von dem, was dich einst
am Leben erhalten hat.

So. Jetzt weißt du, wo du herkommst. Das wär's also.

Vielleicht denkst du, das sei eine Menge harter Arbeit für eine so kleine Person. Aber ich kann dir genau sagen, warum deine Mama und dein Papa das alles getan haben.

Und wenn du wissen willst, warum sie sich so viel Mühe gemacht haben, dann brauchst du bloß in den Spiegel zu gucken.

Hier siehst du, für wen deine Mama und dein Papa das alles getan haben.
Und für wen wir dieses Buch geschrieben und gemalt haben.